RÉPUBLIQUE FRANÇAISE.

RÉQUISITION.

L'Accusateur public près le Tribunal Criminel du Département du Tarn ,

Aux Sociétés populaires , & aux vrais Républicains du Département.

 Castres, le 5 Août de l'an second de la République Française, une & indivisible.

ADRESSE

Aux Citoyens Représentans du Peuple , membres du Comité de législation.

LE Mémoire que je prends la liberté de vous envoyer vous fera connoître les maux les plus preſſans qui nous affligent dans le moment, & dont je crains les ſuites. Le Ciel depuis plus de deux mois eſt d'airain pour nous. Cette ſécherefſe nous prive du *millet* & des légumes, qui ſont une reſſource pour ce Département. L'hiver ſera affreux ſi on ne ſe hâte de prévenir les malheurs qui nous menacent. Celui qui ne devroit pas être inattendu, mais qui n'en eſt pas moins frappant, mettra le comble à ce premier. Les fabriques font ici depuis quelque temps nombreufes & en grande activité. Attirés par la facilité & par la quantité du travail, plus de trois mille ouvriers, néceffaires aux différentes manipulations, s'y font rendus avec leurs familles. A l'aide de leur induftrie, plufieurs Fabricans ont accumulé des fortunes confidérables. Ils les réalifent dans le moment en achetant de grands fonds de terre. Plufieurs annoncent une ceffation effrayante de travail, & d'autres une diminution confidérable. Si ce plan recevoit fon exécution, joint au *déficit* d'une partie de notre récolte, une famine inévitable & une guerre civile néceffaire défoleroient ces contrées.

Je n'ai pu voir l'établiffement de ces manufactures dans une ville où prefque tous les habitans font deftinés par la nature à être agricoles que fous un point de vue peu favorable. " Les manufactures créent une race fans vigueur & fans courage. Elles augmentent le nombre des hommes, mais elles diminuent le nombre des heureux. Les richeffes apparentes qu'elles procurent ne font que momentanées dans un pays où le fol ne produit pas les objets fur lefquels s'exerce l'induftrie. Elles fe jouent de l'exifteace des hommes; & finiffent par livrer à la famine ce qu'elles avoient promis de nourrir. " Je croirois que la Convention devroit enjoindre à tous les Fabricans, dont la fortune eft connue ou apparente, de foutenir leur travail avec la même activité jufqu'à la paix. Je croirois très-utile de fixer le prix des commeftibles, des marchandifes & des journées de travail, d'après une bafe que j'eftime jufte & affurée. Après avoir établi pour toute la République un même poids & une même mefure, il faudroit prendre le tarif de tous les fourlaux & des livres des Marchands en 1788, & d'après un terme moyen, & de fixer le prix des commeftibles, des denrées journées de travail.

Voilà, Citoyens Repréfentans, quelques idées que j'ofe vous propofer, en vous priant de les produire fi vous les jugez utiles, & de les regarder comme non-avenues fi vous les jugez autrement. Je n'y attache d'autre mérite que celui de l'utilité publique, fans intérêt comme fans pré-tention.

L'Accufateur public près le Tribunal du Département du Tarn.

F O S S É.

Caftres, 10 Août, de l'an fecond de la République Françaife., une & indivifible.

A D R E S S E

A LA CONVENTION NATIONALE.

R E P R É S E N T A N S,

DEs grands maux nous accablent, des plus grands nous ménacent encore ; c'eft à vous, Citoyens, à porter le plus prompt remede aux uns & à nous préferver des autres : Oui, c'eft à vous, puifque feuls vous en avez le pouvoir, & que nous ne fommes redevables du malheur de notre pofition, qu'à notre trop fcrupuleufe exactitude à nous conformer à vos décrets, & à l'inobfervation auffi funefte que criminelle qu'en font nos voifins. Dans les Départemens qui compofent, ce que nous appellions autrefois, *Bas-Languedoc & Provence*, & dans une partie de celui de *Haute-Garonne*, les affignats font en non-valeur ; on y a eu la fubtilité & damnable adreffe de faire les achats des produits de notre induftrie agricole ou commerciale en affignats, & ils n'ont voulu livrer les laines, les cotons, les huiles, les favons, & autres marchandifes qu'en numéraire , ou à fi haut prix en affignats que la revente en eft impoffible ; ou fi onéreufe à l'acheteur , qu'elle excite les plus vives réclamations & peut caufer les plus grands défordres. Le numéraire circule en abondance dans ces Départemens , auffi les marchandifes & les commeftibles y font - ils au plus bas prix. Nous n'avons que des affignats , & nous manquons de tout , & nous fommes menacés des horreurs d'une famine prochaine & inévitable. Il eft affreux , il eft révoltant que fous un même gouvernement, fous un même horifon il exifte une difproportion fi odieufe & fi intolérable. Vous êtes nos mandataires & nos légiflateurs comme les leurs ; pourquoi ont-ils la faculté de fe mettre au-deffus des loix auxquelles nous fommes fi foumis ? Pourquoi vivent-ils dans la plus heureufe abondance, tandis que nous manquons des chofes de plus indifpenfable néceffité ? Supprimez le numéraire ou les affignats , & tout fe nivelera de lui-même. Prenez les plus efficaces moyens pour nous fouftraire aux vexations de l'infenfible égoïfme, & de l'infatiable cupidité ? Faites enfin comprendre que ce n'eft que par l'exercice de toutes les vertus politiques & morales, que le peuple peut parvenir au bonheur ? Annoncez que le régne des grands principes de la fociété , combinée avec ceux de la nature, eft enfin arrivé ? Que ces principes dans une République, telle que vous l'avez organifée font, que tout doit être facrifié au bonheur de tous ; que chaque individu doit avoir, en concourant de tous fes moyens aux avantages communs, une fubfiftance affurée & aifée ; qu'il ne doit point frémir en approchant fa femme, ni craindre d'être forcé de maudire fa fécondité qui, en accroiffant la force publique, doit faire fa félicité & fa gloire : Que fi l'idée d'une loi agraire, doit être rejettée avec horreur , & avec indignation comme impraticable , comme tendante au renverfement de l'ordre focial par la confufion & par l'anarchie ; celle d'une trop immenfe difproportion dans les fortunes, doit être auffi fcrupuleufement proſcrite : que comme l'a dit *Jean-Jacques*, après *Platon*, nul citoyen dans une République ne doit être aſſez riche pour en acheter un autre ; & nul ne doit être aſſez pauvre pour avoir un intérêt preſſant & perſonnel de ſe vendre. Pour éviter toute maligne interprétation, & faites - leur bien entendre qu'on ne veut point mettre les fortunes dans un nivellement parfait, ce qui détruiroit tous les principes, & compromettroit tous les intérêts, ce qui étoufferoit tout germe d'émulation, d'induſtrie, d'économie, de talens & de vertu ; mais que pour établir la grande harmonie ſociale, qui doit conſolider le bonheur de tous, il faut des diſproportions graduellement inſenſibles : point de fortunes dangereuſes & ſcandaleuſes ; point de miſére ; point des beſoins ; que ce ne ſont point les richeſſes qu'on veut proſcrire, puiſquelles ſont néceſſaires à la gloire & à la proſpérité de la République ; (A) mais l'indigence & la mendicité qui entraînent toujours le découragement, l'aviliſſement & la corruption ; qu'ils doivent de tous leurs moyens & par tous les ſacrifices, contribuer à ces vues ſalutaires qui aſſurent leur bonheur & celui de leurs frères, qui ne demandent pour leurs familles qu'une ſubſiſtance aſſurée, & pour eux que du pain & du fer.

ALEXIS-PHILIPPE-AUGUSTE FOSSÉ , Accuſateur public près le Tribunal Criminel du Département du Tarn.

(A) Oui, néceſſaires pour une Répuplique d'une immenſe étendue territoriale, d'une population de vingt-cinq millions d'habitans, & qui a des rapports forcés avec preſque tous les peuples de la terre : Oui, néceſſaires juſques à ce qu'on ſoit parvenu à rompre ces rapports, ou à établir une République univerſelle.

L'ACCUSATEUR public près le Tribunal Criminel du Département du Tarn,

Aux Sociétés populaires & aux vrais Républicains du Département.

FRERES ET AMIS,

LEs trames contre-révolutionnaires des Nobles & des Prêtres, ont été perfides & cruelles ; leurs efforts pour les mettre à exécution, ont été réitérés & violens. Avec du courage & de la fermeté nous sommes parvenus à les découvrir & à les surmonter. Nous touchions au moment si désiré, & si désirable après tant de sacrifices, de triompher de nos ennemis, de réunir enfin à la liberté, la paix & le bonheur lorsqu'une nouvelle aristocratie mille fois plus odieuse & plus révoltante, vient flétrir nos espérances, & nous précipiter dans de nouveaux dangers.

Eveillons-nous, Citoyens ! Soyons debout, & par une attitude fière & terrible, effrayons les nouveaux monstres qui se présentent. C'est sur l'affreux égoïsme, & sur la cupidité mercantille que nos coups doivent aujourd'hui se porter : l'un contemple avec une barbare insensibilité nos maux & nos souffrances, l'autre calcule ses bénéfices sur nos besoins qu'elle augmente & qu'elle provoque : l'un s'assourdit aux tendres cris de l'humanité, l'autre brave l'infamie & les remords : l'un s'endort cruellement sur ses trésors & sur ses richesses ; l'autre veille pour accroître les siens de la sueur du malheureux & de la subsance du pauvre. Et ce seroit sous nos yeux, que par ce double brigandage fe confommeroit le malheur public? Non Citoyens, non, vous ne le fouffrirez-pas ! la calamité du peuple eft à fon comble : craignons & prévenons les effets de fon trop jufte défefpoir. Des brigandages ?....... Oui, Citoyens, des brigandages ; j'en ai la preuve la plus certaine ; mais, grace à la corruption du moment, je fuis sûr que je ne pourrois en obtenir la preuve légale ; une affligeante expérience vient de m'en convaincre ; elle feule me force de recourir à vous, pour vous folliciter, au nom de la Patrie, qui eft dans fon plus grand danger, & pour vous réquérir, au nom de la Loi, de réunir tous vos moyens pour concourir avec moi, à jetter fous le glaive de la juftice les auteurs & complices de ces nouveaux délits. Des marchands dans prefque toutes les parties de ce département, & plufieurs ici parmi lefquels on pourroit découvrir des fonctionnaires publics, ont l'imprudence & criminelle témérité de vendre les Mouffelines, les Toiles, L'huile, le Savon & toute forte de machandifes, jufqu'au Charbon, à un très-bas prix en argent & au décuple en affignats. Le bruit s'eft répandu qu'à la foire de Baucaire, l'ariftocratie mercantille s'y étoit portée jufqu'à réduire le papier monnoie à la prefque non-valeur, jufqu'à refufer les écus de fix livres & les autres pièces battues par la Nation. Dès ce moment le prix le plus intolérable a été mis aux marchandifes de toute efpèce, & par une conféquence néceffaire à toute forte de commeftibles. Les imprudens & cruels auteurs de cette effrayante augmentation s'aveuglent donc par avidité fur leurs propres intéréts, & fur le précipice qu'ils creufent fous leurs pieds ? Ils compromettent ce qu'ils poffèdent pour acquérir au péril de leur fortune, de leur honneur & de leur vie ce qu'ils convoitent. Ils provoquent par le défefpoir du Citoyen, que fes facultés privent des moyens de fe procurer les chofes de première & d'indipenfable néceffité, une infurrection, qu'il eft de nôtre devoir de prévenir, en attaquant vivement & en détruifant la caufe qui pourroit l'exciter. Et ces gens ont l'impudeur de fe dire patriotes ? eux patriotes !.......... Hommes fans humanité, fans entrailles & fans principes, uniquement mûs par la plus infâme cupidité, la patrie qui fait aujourd'hui apprécier leurs fentimens, leur deftine........ l'infâmie, les fers ou l'échafaud. Citoyens, les ennemis du peuple les plus dangereux dans ce moment font les Egoïftes, les Accapareurs, les Agioteurs, les Auteurs, Fauteurs & Complices du difcrédit des Affignats, de quelque manière qu'ils l'opérent. Citoyens, fans acception des perfonnes, fans nulle confidération, faites-vous un devoir facré de les dénoncer au Vengeur public ; tous les intéréts publics & particuliers réclament cette dénonciation avec la même force. Pourfuivons à outrance ces brigands. Ne font-ils pas les ennemis les plus cruels & les plus dangereux de la patrie, puifqu'ils trament fa perte par la voie la plus infaillible & la plus inévitable, par l'anéantiffement du crédit national ? Si, bravant l'opinion publique ils ont eu la force de fe faire un front, qui ne rougit de rien ; s'ils font infenfibles à la voix de la patrie & de l'humanité, la crainte de fix années de fers mettra peut-être un frein aux funeftes excès de leur avarice.

Sur toutes ces confidérations, & d'après des faits trop connus, requiert au nom de la Loi, l'Accufateur public près le Tribunal criminel du Département du Tarn, les Sociétés populaires & tous les bons Républicains, de le feconder de leurs efforts & de la plus active furveillance, pour faire jetter fous le glaive des Lois, par la plus prompte dénonciation, les Auteurs, Fauteurs ou Complices du difcrédit des Affignats, de quelque manière que ce puiffe être, & notamment par la vente des marchandifes & des commeftibles à bas prix en argent, & à un plus haut prix en papier-monnoie.

Alexis-Philippe-Auguste FOSSÉ.

A Caftres, Département du Tarn, ce 9 Août 1793, l'an fecond de la République Françaife.

Paris, 15 Août 1793, l'an second de
la République.

JE vous remercie, Citoyen, de votre attention à m'envoyer des exemplaires de votre Adresse & du Jugement rendu par le Tribunal criminel du Département du Tarn. C'est aux Fonctionnaires publics, chacun dans leurs parties, à défendre la Liberté, à réprimer les malveillans, & à concourir au maintien de l'ordre. Vous témoignez à cet égard des dispositions qui doivent vous assurer des droits bien légitimes à l'estime, ainsi qu'à la reconnoissance de vos concitoyens. En mon particulier j'applaudis infiniment à votre zèle.

Le Président du Comité de législation de la Convention nationale.

C A M B A C E R É S.

Paris, le 20 Août 1793, l'an second de la République Française.

Au Citoyen Fossé, Accusateur public près le Tribunal criminel du Département du Tarn.

CITOYEN, j'ai reçu avec reconnoissance, & j'ai lu avec intérêt votre Réquisition. C'est au zèle actif des Fonctionnaires publics que nous devons l'anéantissement des manœuvres préparées par les contre-révolutionnaires. Je communiquerai à ceux de mes collégues, qui ont rédigé la Loi contre les Accapareurs, vos observations & vos vues. Ne doutez pas qu'ils ne les examinent avec attention.

Salut & fraternité.

Le Président du Comité de législation de la Convention nationale.

C A M B A C E R É S.

Paris, 30 Septembre 1793, l'an fecond de la République Françaife.

Les Repréfentans du Peuple, membres du Comité de falut public,

Au Citoyen Foffé, Accufateur public près le Tribunal criminel du Département du Tarn.

VOTRE lettre & votre mémoire, relatif au difcrédit des Affignats dans votre Département, ont été renvoyés, Citoyen, à notre Comité. Nous avons vu avec fatisfaction les fenti-mens qui vous animent, & nous vous prévenons que la Convention a rendu un Décret contre ceux qui ne prendront pas les affignats au pair, ou qui feroient deux prix pour leurs marchandifes. Nous nous repofons, Citoyen, fur votre fur-veillance pour l'exécution de cette loi.

Les membres du Comité de falut public, chargé de la correfpondance.

COLLOT-D'HERBOIS, BILLAUD-VARENNE, CARNOT.

Caftres, le 18 Octobre de l'an deuxième de la République Françaife, une & indivifible.

Alexis-Philippe-Augufte Foffé, Accufateur public, près le Tribunal criminel du Département du Tarn,

Aux Citoyens Repréfentans du Peuple, membres du Comité de falut public de la Convention nationale.

CITOYENS REPRÉSENTANS;

LA Loi du *maximum* eft une Loi falutaire, que tous les intérêts publics & particuliers réclamoient depuis long-temps avec la même force. La patience du peuple étoit pouffée jufques à fon dernier terme. La rage de la cupidité mercantille fembloit s'accroître en raifon décuple de cette patience. Le défefpoir de ce bon peuple inévitablement prochain, que fes premiers mouvemens annonçoient déjà, préfageoit les plus grands malheurs. La Convention y a pourvu; mais quelque falutaire que foit cette Loi, elle peut devenir mortelle, fi vous ne vous hâtez de prévenir les maux incalculables dont nous fommes ménacés dans le moment. La cupidité fait d'extrément fe replier en mille fens contraires pour parvenir à fon but. Le prix exhorbitant des denrées paroît d'abord un mal; mais dans le fonds, il importe peu que ce prix foit plus ou moins fort, lorfqu'on a la facilité d'y faire atteindre le peuple. Mais leur déficit eft un mal fans remede : & c'eft ce déficit qui dès le premier jour de la publication de la Loi commence à fe faire fentir ; & c'eft ce déficit qu'il faut fe hâter d'empêcher, fi vous voulez nous fouftraire aux horreurs d'un foulevement général. Les yeux avidement effarés de plufieurs de nos Marchands, nous annoncent leurs finiftres projets. Ne doutons pas qu'ils ne les exécutent, fi on ne s'empreffe de les prévenir par une Loi efficacement coërcitive. Il en eft quelques-uns d'honnêtes , mais ils font fi peu nombrenx ; plufieurs nous tromperont par des banqueroutes fimulées ou frauduleufes. Plufieurs moins impudens mais non moins frippons, fous prétexte qu'ils auront fait ouvrer leurs fils , leurs laines & leurs cotons, cefferont ou affoibliront fenfiblement leurs travaux; les autres ouvriront leurs boutiques & leurs magafins dépourvus de tout, & nous annonceront l'impoffibilité de s'approvifionner & de fatisfaire aux befoins du peuple. Des lettres de facture, mendiées ou fuppofées viendront à l'appui de ces criminelles défaites. D'un autre côté le propriétaire, le cultivateur, le ménager ne trouvant plus rien à prendre dans les Villes en contre-échange de leurs denrées, ne paroîtront plus ; & nos marchés feront dépourvus de tout, & tout nous manquera. Que deviendra le peuple & que deviendront fes élus? Les mains du laborieux & utile artifan ne feroient donc plus

pour lui, pour fa femme & pour fes enfans qu'un far
deau pefant. Ses bras feroient inutilement fufpendus à fes
côtés. Leurs eftomachs défaillans, leur bouche béante ap-
pelleroient en vain une nourriture néceffaire. Une faim dé-
vorante déchireroit leurs entrailles comprimées. Une mort
affreufement cruelle........ ce tableau fait frémir. Non, Citoyens Repréfentans, non, vous ne fouffrirez pas qu'il fe réalife.
Il fuffira de l'avoir préfenté à vos regards pour exciter votre
paternelle follicitude. Parlez, Citoyens Légiflateurs. A votre
voix le peuple, qui la connoît déjà fi bien, fe préfentera, &
fon attitude fiere & terrible fera trembler les égoïftes, &
frémir d'une rage impuiffante les ariftocrates & les malveillans. Comprimez dans vos vigoureufes mains ces fangfues.
faites-leur regorger un fuperflu nuifible à leur conftitution
naturelle, & néceffaire à la fubfiftance du pauvre. Donnez-
nous une Loi qui force tous les Marchands, & tous les
Fabricans, qui depuis le commencement de la révolution,
ont fait un commerce actif & lucratif, de le foutenir avec la
même activité & avec la même abondance jufqu'à la paix.
Par voie de fuite & néceffaire, que cette même Loi force
les *gros* Négocians fourniffeurs des grandes Villes de commerce, de pourvoir les boutiques & magafins accoutumés,
d'après leurs livres & d'après leurs factures : que les uns & les
autres foient refponfables fur leurs fortunes & fur leurs
têtes de la ceffation ou de la diminution trop fenfible &
nuifible du travail, de la vente & de la revente en gros ou
en détail.

Voilà, Citoyens Repréfentans, quelques idées que les
circonftances du moment me forcent de vous tranfmettre en
grande hâte. Leur unique caufe eft dans ma tendre follicitude
pour des frères que je porte dans mon cœur & dans mon
zèle pour le bien public, qui eft mon unique idole.

A CASTRES,
De l'Imprimerie du Citoyen AUGER, l'an fecond
de la République Françaife. 1793.